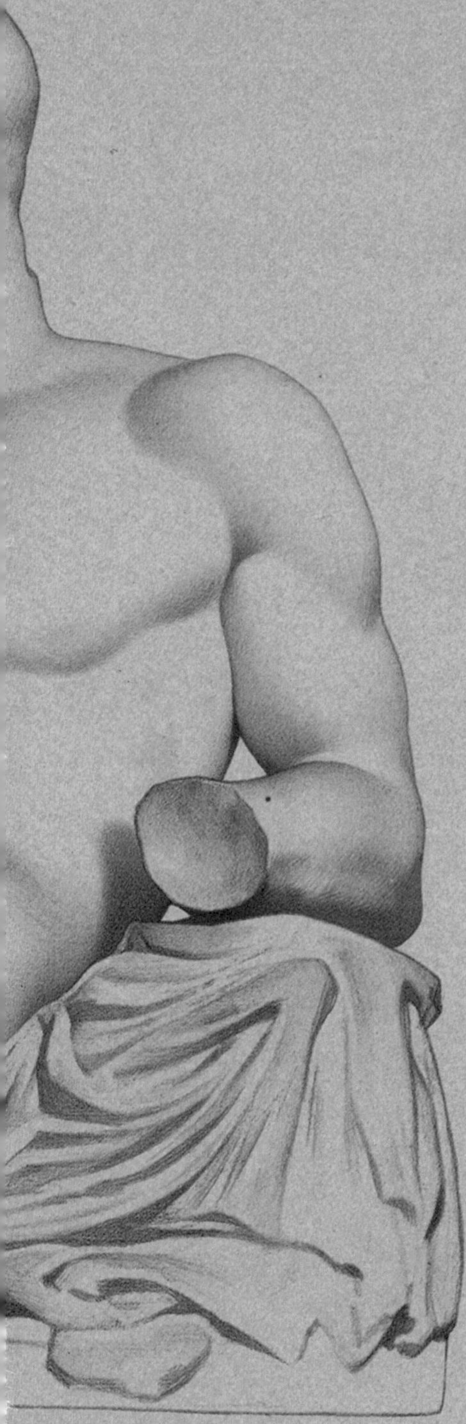

UN DECIR

EDITORIAL CÁNTICO
COLECCIÓN · DOBLE ORILLA, POESÍA
DIRIGIDA POR RAÚL ALONSO

cantico.es · @canticoed

Suscríbete a nuestro blog en

 @canticoed

© Javier Calderón Luna, 2025
© Editorial Almuzara S.L., 2025
Editorial Cántico
Parque Logístico de Córdoba
Carretera de Palma del Río, km. 4
14005 Córdoba
© Fotografía del autor: Celia Almenara Moral
Imagen de cubierta: *Dios el Padre sostenido por ángeles*
(estudio para el panel del techo que decora el vagón de tren del
Papa Pío IX, 1858) de Jean Léon Gérôme
Imagen de falsas guardas: plantilla N° 61 del curso de dibujo de
Charles Bargue (1867)

ISBN: 978-84-10288-99-7
Depósito legal: CO 1590-2025

Impresión y encuadernación:
Liberdigital

JAVIER CALDERÓN LUNA

UN DECIR

III PREMIO DE POESÍA
PABLO GARCÍA BAENA

EDITORIAL CÁNTICO

COLECCIÓN DOBLE ORILLA POESÍA

SOBRE EL AUTOR

Javier Calderón Luna (Dos Hermanas, Sevilla, 1997) ha cursado los grados de Traducción e Interpretación y de Filología Hispánica. Trabaja de profesor de Lengua Castellana y Literatura en un instituto público de Chiclana de la Frontera. Comenzó a publicar sus poemas en 2021, año en el que fue finalista del IX premio UCOpoética. Varios de sus textos aparecieron en la antología *Gota* (Bandaaparte, 2021). Desde entonces, ha publicado en revistas como *Caracol nocturno*, *Casapaís* o *Fuga*. En 2022 ganó el premio Federico García Lorca de la UGR en la modalidad de poesía con la obra *Cancionera* (Esdrújula, 2023). *Un decir* es su segundo poemario.

ACTA DEL FALLO DEL III PREMIO DE POESÍA PABLO GARCÍA BAENA

El jurado del Premio Pablo García Baena conformado por los poetas José Infante, Juan Antonio González Iglesias, Estefanía Cabello y Raúl Alonso (con voz pero sin voto), reunido en el Centro Andaluz de las Letras de Málaga acuerdan conceder por unanimidad el III Premio de poesía joven Pablo García Baena en esta edición de 2025 a la obra *Un decir* de Javier Calderón Luna (Dos Hermanas, Sevilla, 1997). El jurado ha destacado del poemario ganador que es una obra valiente, tanto en su propuesta estética como ética, que presenta una poética donde se alterna la cultura con la contracultura y las preocupaciones actuales sin dejar de mirar a la reflexión metapoética y espiritual, que se dan la mano constantemente a lo largo de todo el poemario en una propuesta regular y consistente en su forma. Asimismo, el jurado agradece especialmente la amplia concurrencia que ha tenido el premio en esta convocatoria, en la que se han presentado más de 150 poemarios de diversas procedencias tanto nacionales como internacionales y donde han destacado también la participación de un amplio número de poemarios escritos por mujeres, varios de los cuales han formado parte de la deliberación final del jurado.

A mis padres y mi hermana,
que jugaban conmigo a las palabras encadenadas

La literatura es un desafío a la lógica,
no un refugio contra la incertidumbre.

CARMEN MARTÍN GAITE

el juego es juego y no plegaria infatigable.

VICENTE HUIDOBRO

Y dije: me levantaré ahora, y rodearé por la ciudad;
por las calles y por las plazas buscaré al que ama mi alma;
lo busqué, y no lo hallé.

CANTARES 3:2

GÉNESIS

dios creó todas las cosas y yo
tuve que cruzar un puente
olvidarme de los coches olvidarme
de los ríos de coches
que me hacían titubear a cada paso

dios creó ese puente para que yo
un día tuviera miedo de caerme
de no volver a pronunciar palabra
y sin embargo dudar del silencio

porque dios no tiene dudas dios no titubea
dios creó un elefante y lo balanceó
sobre la tela de una araña
dios creó un puente y lo balanceó
sobre ríos de coches
yo escribí ese puente
y me caí

CANTAR EN SILENCIO

se abre la roca y mana
un interrogante
el signo es mineral
y se derrama por tu boca

si supiera qué decir
si supiéramos la respuesta
se acabaría el mundo

con el repliegue de la palabra
todo vuelve a su origen
la roca otra vez nada
los labios bellos
sellados
anteriores a dios

cuando comienzo a vislumbrar las metas
soy todo retorno sobre mí mismo
me vuelvo coraza

estirar el lenguaje hacia lo que existe
es alejar mis tejidos del mundo
tomar un café que no sabe a nada

no hay claridad porque no la quiero
aunque dios no vaya a salvarnos
lo dejo nombrado para que dudéis

Tarde y mañana y a mediodía oraré y clamaré, y él oirá mi voz.

SALMOS 55:17

señor tú me oyes
y necesito decir
lanzar un hilo de voz sobre una rama
y que se agite con cualquier viento

el color no importa
como tampoco es relevante
el tamaño de las hojas

necesito decir
verdes y la sombra amplia
y el árbol ya de paso
un árbol común

señor tú sabes
todas las especies de árboles
yo necesito
la sombra
y la rama y mi hilo
de voz incesante
¿tú me oyes?

Y Jesús dijo a Simón:
«No temas; desde ahora serás pescador de hombres».

LUCAS, 5:10

padre tú conoces
todas las técnicas de pesca
yo pecador
quisiera ser
pescador de nombres
echar las redes al fondo del mar
y sacarlas llenas de palabras
que vengan a ayudarme más poetas
porque son tantas que mis redes se rompen

una vez pescador quisiera también
las dotes del pescadero
limpiar el nombre de significado
desescamar el significante
y sacar dos lomos limpios de espinas

padre quédate tú con las espinas
enséñame después
a devolver con vida los peces al mar

me prometí no volver a hablar del mar
la torre donde la playa termina y continúa
se hace hueco en la imagen

fuera del marco un faro
alumbra una verdad
la verdad

la dejo fuera del encuadre me prometí
que iba a desviar el foco
de las pisadas en la arena
que iba a quedarme a solas
con la palabra
me mentí

no me arrepiento
de caminar sobre mis pasos

me he puesto un traje de invierno
con el que oigo pasar las gaviotas
nadie sabe a qué me recuerdan

este paseo es frío
y los turistas que no hablan mi lengua
se giran cuando paso
intuyen que ando en una búsqueda
a la que es imposible dar la espalda

los avisaré cuando alcance el final
en un idioma ininteligible
les diré *he llegado*
y ninguno sabrá que estoy hablándole
ignorarán mi gesto

será verano y tendré por un instante
una falsa sensación de seguridad

está limpia la arena
no voy a nombrar el mar
porque no es necesario

anterior a la erosión
a la blancura
es la ola

no he venido a hablar de eso
he venido a dibujar
en el suelo
el contorno de unos ojos
a encarar la tierra
hasta no poder sostenerle la mirada

voy siguiendo un camino empedrado
que no sé dónde acaba
el blanco de las casas es indicio
de que aquí alguna vez hubo ruido

no temo caminar solo
temo el silencio
pero hay en tu voz un río y la corriente
es la única que sabe dónde va

si tropiezo con tu nombre haré
una fuente en mitad del sendero

el invierno es volver la cabeza
la quietud de la nostalgia
prescindir de dios mirar las luces
de forma directa cegar la vista

al otro lado del sol
están el rocío y la memoria
lugares a donde no volver
lugares a los que se vuelve
irremediablemente
como un patrón repetido
como una melodía antigua
imposible de no silbar

suena un órgano
signo de vida
canta como en una iglesia
a las dos de la mañana
con las puertas cerradas
mi corazón
que tiene cuerda
y un clavo en cada mano
no tiene pies
no camina
su movimiento
es un patrón
sobre una melodía

son las dos de la mañana
quiero despertar a los vencejos ven
pon el tuyo junto al mío

corazón coronado de raíces
       +
corazón coloreado de agua

en la corteza del árbol
está grabado el parentesco
de coraza y corazón

tallo tus iniciales
para que quien las lea
juegue a inventar nombres y apellidos

cuando se canse
aún no habrá acertado
porque el lenguaje tiende al infinito

y lo que nos protege
con un sufijo
se convierte en algo que entregamos
por amor

las aves planean
detrás de la niebla
no sé si lo sé
porque lo digo
o porque se intuye un movimiento

escribir no es observar
es el cable de la luz
donde las aves se posan

dentro del negro
se guarda una claridad
que espera el instante
preciso

CANTOS CELESTES

en las manos del mundo cabe
el alimento de los pájaros
estiro el índice
y ningún ave se posa

es difícil conocer
las alas de lo invisible
el motivo de las bocas que no acuden a comer

he de extender la mano
con la palma mirando al cielo
con la intuición abierta hacia otros nombres

no quedan nuevos cielos que mirar
a través de las ventanas
el paisaje ya apenas paisaje
es casi todo recuerdo

cierro los ojos y veo
la estela desdibujada
de un avión
que no tiene un trazo limpio
no logro descifrar la imagen

suena el trino de los gorriones
me concentro lo aíslo del ruido
no logro comprender
aunque sé cuál es su alimento

mojo una miga de pan
el agua se vuelve turbia
y se acercan a picotear

me quedo sentado en la cama
tengo la edad de los que miran
sin esperar ningún milagro

el cielo ha quedado vacío
quién va a dibujar una estela
si no existen los aviones
quién de noche
dibujará una estrella
si no hay sueños
ni revelaciones
ni mesías

existe la palabra
decirlo no me da miedo

pero sí que me asusta
todo lo demás

en el cielo cualquiera piensa
en la muerte
el nombre nube acaricia una nube
yo buscador acaricio un sueño

voy a parar el tráfico aéreo
mi abuela muerta está cansada
de esquivar aviones

en el cielo cualquiera
mira hacia abajo
los cauces de los ríos
el nombre cauce
el nombre río
el mar
la muerte

voy a salir del poema
vuelvo en diez versos

una nube cabe en un vaso de agua
dios cabe en el cielo
el cielo está despejado

y yo tengo sed

he mentido estoy de vuelta
antes de lo estipulado
lo siento no sé
no hablar de mí no sé
no hablar
no concibo
dejar solo
al lenguaje

vamos a contar mentiras
todo está inventado
el cielo la tierra el mar
fueron creados por dios

es posible otro cielo
otra tierra el mar
sigue siendo el mismo

es posible otro dios
dentro del lenguaje
por él levanto el corazón
lo tengo levantado hacia palabras
que van saltando pequeñas
de boca en boca

por encima de los edificios
asoma el monte
por encima del monte
el sol
por encima del sol
no hay nada
el cielo
naranja como una mandarina
mastico el cielo como una mandarina
en el cielo está dios
con todas las personas buenas muertas ¿no?
mastico todas las personas buenas muertas
me quedo con el jugo escupo los huesos
en cambio dios no sabe a nada
a dios no lo mastico
pero sé que está en mi boca
¿no?

canto a las sombras de los árboles
a las sombras de los animales
a las sombras de los coches
a los cauces de los ríos
toboganes horizontales
por los que me lanzo

me hago daño en la rodilla
de jugar con las palabras

canto a la sombra de un árbol
y me caen los frutos del cielo
¿se habrá enfadado dios?
me lanzo a darte un beso
se acerca un gato se roza
subo al coche lo arranco
y suena otra canción

me callo la quiero escuchar
me callo silencio *shhh*

CANTAJUEGOS

conocer a dios
era tener un comodín
una vez gastado
tuve que renegar
de todo lo que sabía sobre él
porque lo único que sabía eran
variaciones en torno a lo invisible

una vez perdida la fe
renombrar a dios era una opción
que deseché rápidamente
desde entonces juego
con las palabras
a trazar circunferencias
sobre la incertidumbre

se han agotado los sentidos
de las flores de azahar
la ficción de la infancia
no narra nada está limpia
son palabras brotando hacia dentro
quiero cantar una historia
para nombrar de otra forma el recuerdo

de todas las certezas escojo
un soplo de viento de la tarde
del fruto de los cerezos alimento
algo más que mi cuerpo
no voy a elegir entre la sustancia y la esencia

antes de mi primer verbo mucho antes
mi abuelo amasó pan de madrugada
miro el horno apagado hace tiempo
y vuelvo al lugar donde me es revelado
algo menos cierto que una hogaza
una luz con forma de secreto

no recuerdo mi primera palabra
aunque estoy seguro
de que no tenía significado
cuatro fonemas torpemente articulados
que hicieron reír a mi familia
y a mí devolverles la risa

aquella primera comunicación verbal
estuvo hueca por dentro
fue solo armazón
si dije *mamá* no llamaba a mi madre
si dije *papá* no era a mi padre a quien nombraba
pero ellos estuvieron orgullosos de mí

qué curioso que ahora
dedicarles este texto
les provoque un efecto similar

cada verano mi hermana
me enterraba en la playa
y me dejaba la cabeza
al descubierto

ese detalle hacía del juego
algo distinto de un rito funerario
a la hermana menor le divertía
que al hermano mayor le divirtiera
sentir el peso de la tierra
en su cuerpo

los dos fuimos
al mismo colegio católico
recitamos las mismas oraciones
aprendimos las mismas parábolas
y ambos perdimos la fe
a la misma edad
que la inocencia

jugar a enterrarme en la arena
dejó de resultarle divertido
después de algunos veranos
cuando comprendió
que no moriríamos a la vez

de mi padre heredé el silencio
me enseñó a interpretarlo
me enseñó
a no ponerle nombres a los nombres

de él aprendí
desde la negación
lo que es un poema
lo que es la violencia
con mirarlo a los ojos
una espina
una guitarra
un grito que se apaga en la laringe

la intuición literaria
es más querer decirlo todo
que decir algo
un descubrimiento adulto
que poco tiene que ver
con la parábola de un balón
que se dirige a la portería

es poesía escuché
y durante la infancia lo creí
muchas veces disparé
hacia una puerta imaginaria
situada entre dos árboles
tanta fue la emoción
de ver la pelota dibujar
tras muchos intentos
la trayectoria de una hoja seca
que dediqué una etapa de mi vida
a cerrar los ojos
a visualizar aquella forma
que poco tenía que ver
con la belleza

había una hilera de árboles
yo zigzagueaba tenía una meta
llegar con la pelota hasta el final
zig zag zig zag
era divertido

el último naranjo
me quitó el balón
maldije mi existencia blasfemé
tan pequeño blasfemé
miré a mi madre
esa lengua niño
esa lengua
no te pega hablar así

vi la pelota alejarse
busqué palabras
perdón mamá lo siento
y no encontré ninguna
no fui capaz de decir nada

apoyé la cabeza en el árbol
me lamenté

tengo siete años soy
de cierto equipo de mi ciudad
con el nombre de mi ciudad
no tengo el nombre de mi padre
pero sí el de mi tío
y con ellos voy al estadio cada dos semanas
beben vino escucho insultos
cantamos
soy feliz en la victoria
soy una flor aplastada por un balón
en la derrota
lloro por mi equipo río por mi equipo
en el colegio hablo de fútbol juego al fútbol
e insulto a mis amigos
ninguno de ellos tiene el nombre de su padre
tampoco el de su tío
ninguno de mis amigos va al estadio
pero hablan de fútbol jugamos al fútbol
me insultan cuando fallo soy patoso
soy una nube atravesada por un balón
en el fracaso

en un estadio de fútbol
se llama tercer anillo
al lugar que ocupan los amantes muertos
amante no es un término
que se asocie a la jerga balompédica
pero un club es un amor
y un fan es un
cuerpo entregado

cómo se llama a los hombres
que ya no aman sus colores
que ya no creen en el cielo
sino en su azul
que ya no creen en dios
pero se emocionan
en las primeras comuniones
cómo se llama a los hombres
que adoptan la retórica de su infancia
para hablar de la muerte
y alumbrar las sombras

si te hubiera conocido con ocho años
no te habría dirigido la palabra
habría mirado por la ventana
en el intento constante de traducir
el canto de los gorriones
habría inventado mundos paralelos
borrado los límites de la ficción
para quizás al día siguiente
la semana siguiente
el año siguiente
nunca
acercarme muy tímido
muy parco
en silencio
y cuando llegara junto a ti
pasar de largo
contar hasta tres
y a los tres segundos
volver la cabeza
comprobar que no me devuelves la mirada
y ver cómo te alejas
decidida
para siempre

me besaste en un hospital
con los zapatos puestos
y olvidé a los muertos de la planta menos dos
que no esperan el beso de sus familiares
porque ya no viven

todos los besos llegan a su destino
a menos que falte el receptor

las palabras en cambio
dependen para llegar
de otros muchos factores
el canal el contexto el código son
un zapato de cristal olvidado
en un hospital

aún no son las doce
no corras
te quiero preguntar
si quieres quedarte conmigo
en la planta cero para siempre

javi está en casa
porque la luz está encendida
tiene miedo de todo
de que suene el timbre
contestar
y le respondan susurros
de ir solo a clases de inglés
de no entender lo que la teacher dice
porque su lengua es otra

javi tiene miedo
de no despertar mañana
y que en la muerte exista un sueño
en el que sueñas que no despiertas

se sabe de memoria las plantillas
de todos los equipos de primera división
tiene miedo de que un jugador
cuyo nombre conoce
se desvanezca de un paro cardíaco
y muera

ojalá no existieran los nombres piensa
ojalá no existieran las lenguas
ni el inglés ni los timbres
la tristeza tendría otra forma
mucho menos exacta

hay espejos por todas partes
me veo
en cada contracción
muscular las mías
y las del otro
pongo a dialogar mi bíceps derecho
con el izquierdo
de la fuerza depende
soportar el peso del mundo
o no

y sudo hasta dudar de mi estado sólido
sudar me recuerda a la infancia
cuando no conocía la escritura
tampoco el mundo
si hubiera conocido el mundo
lo habría pateado

mi infancia consistió
en patear esferas
en sudar pateando esferas
ahora levanto hierro empleándome al máximo
pensando en todo lo que debo leer
si quiero escribir un buen poema

UN DECIR

todo esto era un decir
decires a dios
a mis seres queridos
interrogaciones
haciendo autoestop
coches que pasan de largo
aunque vayan al mismo destino

después de todo esto
deixis ambigua y pobre
debo reconocer
que el poema es una forma de hablar
y la poesía está en todas partes
no como dios exactamente
más bien como una nube
tan grande que tapa el sol
a la vez en cien plazas
donde niños juegan al fútbol

si me preguntáis
qué cosas hacen las palabras
os diré
que sobre todo nombran
y en el camino
derraman trozos de mí

dibujan trazos de un mundo
habitado por ellas mismas

pido disculpas
si no he sido del todo claro
del todo creyente
creíble crédulo
tampoco era mi intención
con estos decires ya solo queda
deciros adiós

AGRADECIMIENTOS

Gracias a las personas que me han ayudado a darle forma a *Un decir:* a María Limón y Markel Hernández, por acompañarme desde mi primer poema publicado; a Javier Fernández, por ser guía, ojo crítico y mano tendida; a Celia, que lee los poemas en mi bloc de notas.

ÍNDICE

CANTAJUEGOS

Un decir
de Javier Calderón Luna,
compuesto con tipos Montserrat en créditos
y portadillas, y DGP en el resto de las tripas,
maquetado bajo el cuidado de Daniel Vera
y con la aprobación de Raúl Alonso
como editor de mesa de la obra,
se terminó de imprimir
el 19 de septiembre de 2025,
Día Mundial del Aperitivo.

LAUS DEO

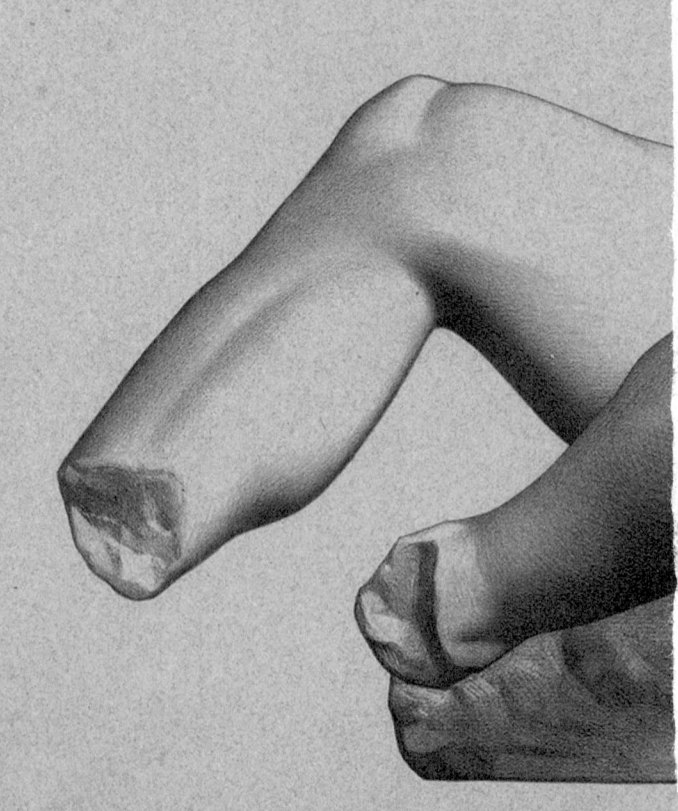